LE
COMTE DE PARIS

COMTE D'HAUSSONVILLE
DE L'ACADÉMIE FRANÇAISE

LE
COMTE DE PARIS

SOUVENIRS PERSONNELS

PARIS
CALMANN LÉVY, ÉDITEUR
ANCIENNE MAISON MICHEL LÉVY FRÈRES
3, RUE AUBER, 3

1895

LE COMTE DE PARIS

SOUVENIRS PERSONNELS

Ce n'est point un jugement sur M. le Comte de Paris que j'ai la prétention de porter dans ces pages. A l'autorité de ce jugement une chose manquerait, je le confesse : l'impartialité. Je l'ai aimé de tout mon cœur; je l'ai servi de toutes mes forces; je ne saurais donc parler de lui avec le détachement d'esprit que commande une appréciation, par certains côtés, historique. Ce que je me propose est autre chose : je voudrais lui rendre témoignage. Mêlé aux principales circonstances de sa vie publique, témoin en quelque sorte quotidien de sa vie privée, je voudrais rapporter ce que je sais et ce que j'ai vu. S'il m'a honoré de quelque confiance et de quelque affection, c'est que je lui ai toujours dit ce que je croyais être la vérité. C'est encore la vérité que je voudrais dire aujourd'hui. Je ne sache pas d'existence qui, mieux, puisse en supporter le plein jour.

I

Mes relations intimes avec M. le Comte de Paris (si je puis me servir de cette expression trop familière) ne remontaient pas aux jours de notre enfance. Il avait cinq ans de plus que moi, et cette différence d'âge, que la vie efface, mettait une grande distance entre le garçon que j'étais encore et le jeune homme qu'il commençait d'être, lorsque je le vis pour la première fois, au cours d'un assez long séjour que mon père fit en Angleterre, après le Deux-Décembre. Ce séjour n'a laissé chez moi qu'un souvenir très vif : celui de sa mère, madame la duchesse d'Orléans. Dans un temps où même les pamphlétaires écrivaient bien, l'auteur d'un assez vilain libelle disait, en parlant de cette charmante Madame qui a embelli les premières années de Louis XIV, et dont Bossuet a immortalisé la mémoire : « Quand elle parle à quelqu'un, comme elle est toute aimable, on dirait qu'elle demande le cœur, quelque chose indifférente qu'elle puisse dire du reste. » Et Daniel de Cosnac dit également dans ses Mémoires : « Madame a l'art de s'approprier les cœurs. » Cet art de s'approprier les cœurs, madame la duchesse d'Orléans le possédait au plus haut degré. Elle semble, à travers une génération, l'avoir transmis comme un héritage à ses petites-filles, en particulier à la jeune et charmante reine dont la grâce non moins que la popularité contribuent à la solidité de l'un des trônes de l'Europe. Sans peine, madame la duchesse d'Orléans avait gagné mon cœur d'enfant, et sa mort fut pour moi un vif chagrin. Très différent d'elle d'aspect extérieur, car il était grand et fort autant que madame la duchesse d'Orléans était mince et frêle, M. le Comte de Paris avait cependant hérité d'elle certaines qualités de rectitude morale, de bonté et de délicatesse. La mémoire de sa mère lui était demeurée chère, et le souvenir que, de mon côté, j'avais gardé d'elle, a contribué, j'en suis persuadé, à sa bienveillance pour moi.

Durant les quelques années qui précédèrent la chute de l'Empire, je revis plusieurs fois M. le Comte de Paris, mais sans rechercher l'honneur de son intimité. On nous élevait en effet, nous autres jeunes gens qui arrivions à l'âge de la vie publique, dans une idée que je crois fausse aujourd'hui, mais qui séduisait beaucoup nos esprits inexpérimentés : c'est que la forme, le principe du gouvernement, devaient être tenus pour indifférents, et qu'une seule chose importait : la liberté. Les garanties de la liberté pouvaient être obtenues aussi bien de l'empire ou de la république que de la monarchie. Il fallait les réclamer, les conquérir et pour cela se jeter avec ardeur dans les luttes électorales. Mais en ce temps là, pour être député ou même conseiller général, il fallait prêter serment, et jurer non seulement obéissance à la constitution, mais fidélité à l'Empereur. Or il semblait à ma conscience, peut-être un peu trop rigide (je ne discute pas), qu'il y avait quelque chose de contradictoire entre la fidélité à l'Empereur et le dévouement personnel à des princes d'une autre dynastie. Je me tenais donc, vis-à-vis de M. le Comte de Paris, sur le pied d'une certaine réserve dont il voulut bien, plus tard, comprendre le motif.

Cette compréhension lui était d'autant plus facile

que l'état d'esprit que je viens d'indiquer ne différait pas alors beaucoup du sien. Il n'était pas homme à recevoir des idées toutes faites, et à croire à la supériorité de la monarchie, uniquement parce qu'il était petit-fils de roi. Ses convictions, sur toutes choses, étaient réfléchies, et je n'ai jamais rencontré une intelligence plus libre et plus dénuée de préjugés. Avant et par-dessus tout, il était libéral; non pas par cet enthousiasme un peu candide (il n'était guère enthousiaste de nature) qui avait animé la génération de 1830, mais par goût et par réflexion. Il se rendait compte que, sans être en aucune façon un principe absolu, applicable en tout temps ou sous toutes les latitudes, la liberté, à un certain degré, est une nécessité dans les institutions d'un peuple dont la masse est arrivée à l'émancipation intellectuelle. Il sentait que la France en particulier, ce pays qui a fait la révolution de 1789, celle de 1830, et celle de 1848, ne saurait plus être gouvernée, comme autrefois, par ordonnances royales. Quel régime garantirait le mieux la liberté, sans troubler l'ordre nécessaire à la marche des sociétés? c'était la question qu'avec nous tous, les jeunes gens d'alors, il se posait. Sans doute par instinct, par goût, par éducation, il croyait à la supériorité de la monarchie. Il avait été élevé dans cette tradition, et le spectacle du magnifique développement des institutions constitutionnelles anglaises qu'il avait sous les yeux était bien fait pour l'y confirmer. Mais son esprit n'avait aucune répulsion pour la forme républicaine, qu'il avait vue également à l'œuvre en Amérique, et dont il avait étudié les rouages avec un soin consciencieux.

Cette campagne qu'il fit aux États-Unis, dans les rangs de l'armée qui combattait pour l'abolition de l'esclavage, était demeurée un des temps de sa jeunesse vers lequel l'imagination de M. le comte de Paris se reportait le plus volontiers, un des seuls souvenirs radieux de sa vie. Chacun d'entre nous, même le plus sage, conserve ainsi dans sa mémoire le souvenir d'années où il s'est laissé guider par l'imagination plus que par la raison, par l'entraînement plus que par le devoir. Ce temps était pour M. le Comte de Paris celui de son expédition américaine. Pendant près d'un an, il avait vécu d'une vie libre et hardie, donnant carrière à ses goûts d'exercice, d'aventure et en même temps d'observation sociale. Quel souvenir il avait laissé aux États-Unis, combien il y était demeuré respecté et même populaire, non seulement parmi ses compagnons de l'armée du Nord, mais aussi parmi les soldats de l'armée confédérée, j'ai pu en juger par moi-même lorsque je l'accompagnai dans son voyage de 1890, et lorsque j'eus le curieux spectacle de le voir guidé à travers les champs de bataille qui entouraient Richmond par quelques-uns des *gentlemen du Sud* qu'autrefois il y avait rencontrés comme adversaires. « Vous aviez voulu, il y a trente ans, entrer à Richmond malgré nous ; vous n'avez pas pu, lui fut-il dit devant moi dans une soirée donnée en son honneur [1]. Aujourd'hui nous sommes charmés de vous y recevoir. » Gens du Nord et gens du Sud s'accordaient pour rendre justice à l'exactitude et à l'impartialité avec laquelle il avait raconté jusqu'au moindre épisode de cette terrible guerre ; mais, chez ses anciens camarades de l'état-major de Mac-Clellan, je trouvai, encore très vif, le souvenir du courage froid (car il ne s'excitait jamais) qu'il avait montré. Ce trait, entre autres, me fut raconté. Il avait été porter un ordre, et, pour revenir à son point de départ, il avait à franchir une prairie découverte que coupait une assez forte haie. Cette prairie était labourée par les balles ennemies. Arrivé devant la haie, son cheval s'arrêta court, refusant

---

[1]. Pendant la guerre de sécession, Richmond était le siège de la confédération du Sud, et l'armée du Nord s'était vainement efforcée d'y pénétrer de vive force.

de sauter. Au lieu de chercher à l'enlever de pied ferme, en l'éperonnant vigoureusement, pour échapper plus tôt au feu dirigé contre lui, il fit faire volte-face à sa monture, reprit du champ et, l'amenant au petit galop, lui fit franchir la haie, aussi tranquillement et aussi correctement que s'il eût été dans un manège, sans paraître se douter du péril qu'il courait, ni de l'anxiété de ceux qui, la lorgnette à la main, suivaient de loin ses mouvements. Le souvenir en était demeuré si vivant dans leur esprit que, lorsque nous visitâmes le champ de bataille de Gaine's Mill, la haie me fut encore montrée.

M. le Comte de Paris était demeuré reconnaissant à cette grande république de l'accueil qu'elle lui avait fait dans son armée ; et comme elle ne paraissait pas atteinte alors autant qu'aujourd'hui du mal de la corruption, comme il l'avait vue sortir, par ses seules forces, d'une grande guerre civile et de l'affreux désordre qui s'en était suivi, sans avoir recours à la dictature, il n'avait pas porté dans son esprit contre la forme républicaine une condamnation absolue. Ainsi s'explique cette lettre dont la polémique des partis a singulièrement abusé, lettre intime, écrite pendant les premiers mois de la guerre de 1870 et dans laquelle il disait à un ami n'avoir point de parti pris contre la république. Mais, s'il n'avait point de parti pris, les événements et les hommes devaient le forcer à en prendre un.

Il avait été très frappé du lamentable spectacle que la France avait offert depuis le 4 septembre, alors que le magnifique mouvement de résistance qui l'avait soulevée tout entière était comme paralysé par ce gouvernement à plusieurs têtes que Lanfrey a qualifié d'un mot aujourd'hui oublié : la dictature de l'incapacité. Il avait vu son frère, le duc de Chartres, obligé de servir sous un nom d'emprunt, son oncle, le prince de Joinville, arrêté comme un malfaiteur. Il savait que les ordres les plus rigoureux étaient donnés pour empêcher son entrée en France. Les faits lui avaient montré ce qu'un régime qui se réclame de la liberté peut, en réalité, tolérer de désordre, favoriser d'arbitraire et engendrer de despotisme. Dès lors, et bien avant qu'il y fût directement intéressé, la supériorité de la monarchie apparut clairement à son esprit. Avec l'observation des faits, la conviction devint de plus en plus absolue chez lui que, dans un pays centralisé et à traditions autoritaires comme la France, la meilleure garantie de la liberté résidait dans un pouvoir fort, indépendant, tirant sa légitimité de lui-même, qui ne marquât le triomphe et ne devînt l'instrument d'aucune faction. Je puis d'autant mieux attester cette évolution originale de son esprit, de l'impartialité doctrinale à la préférence absolue, que j'ai bien souvent causé avec lui de la supériorité théorique de la monarchie ou de la république avec une entière liberté de langage de ma part, avec une entière liberté d'esprit de la sienne. S'il n'était pas permis à des hommes qui observent et réfléchissent, non pas même de modifier, mais de confirmer au contraire les idées encore un peu incertaines et flottantes de leur jeunesse, ce ne serait pas la peine qu'il y eût dans la langue française un mot qui s'appelle l'expérience.

II

Empire ou république, il y avait une chose que M. le Comte de Paris était bien résolu à réclamer du gouvernement de la France : c'était l'abrogation de la loi qui le tenait en exil. Ce n'est pas assez de dire qu'il avait l'amour de la France. Il en avait la passion. De quel poids l'exil avait pesé sur sa jeunesse, je ne le savais pas, en réalité, avant d'avoir feuilleté, comme je viens de le faire, sa correspondance avec mon père, qui fut très active pendant les dernières années de l'Empire. Au mois de janvier 1864, il lui écrivait pour lui annoncer son mariage avec sa cousine Isabelle d'Orléans, et il ajoutait : « Je ne vous dirai pas combien je suis heureux. Je ne vous ferai pas ici l'éloge de ma cousine, mais vous croirez facilement que l'espoir de m'assurer un bonheur supérieur aux vicissitudes politiques a contribué à me décider à cette union. J'y trouverai, non l'oubli de l'exil, mais la force d'en supporter toutes les épreuves. Vous savez que je n'ai qu'un espoir, et que je ne l'abandonnerai jamais : c'est de revoir mon pays et de le servir d'une manière honorable. En partageant ma vie, ma cousine allégera cette attente, si pénible à mon âge, car déjà Française, élevée dans les traditions de notre famille, elle saura s'associer à mes convictions, à mes espérances et à mon dévouement pour la France. » A quel point son attente a été comblée, à quel degré celle à laquelle il unissait sa vie a en effet allégé pour lui les épreuves de l'exil, de la maladie, de la mort, ceux qui ont été témoins de cette admirable union conjugale pourraient être tentés de le dire, s'ils ne craignaient par là de ranimer une trop légitime douleur. Mais le bonheur domestique si complet dont il allait jouir ne détournait pas sa pensée de la France.

C'était à la France qu'il pensait lorsque, cette même année, répondant à un conseil que lui donnait mon père, il lui annonçait l'intention d'employer ses loisirs à l'étude des questions sociales dont son esprit sagace pénétrait déjà l'importance, et où il s'est acquis une si légitime autorité : « Vous me parlez, lui écrivait-il, de ces grandes questions sociales dont je voudrais voir tous les libéraux aussi préoccupés que vous, dont tous ceux qui se distinguent par leur talent ou leur position devraient s'occuper, même s'ils ne croient pas devoir ou pouvoir aborder la politique. C'est un terrain commun sur lequel toutes les opinions doivent se réunir, non par ce qu'on se plaît maintenant à appeler une coalition de partis, mais par le sentiment d'un grand devoir à accomplir. C'est le sentiment de ce devoir qui fait la grande supériorité de la civilisation moderne sur les sociétés anciennes. S'efforcer de le remplir, c'est répondre à tout ce qu'il y a de juste et de généreux dans les instincts démocratiques de notre temps. Chercher à le définir, c'est aborder le plus grand problème social et politique, celui qui, comme le commandement d'aimer Dieu et son prochain, contient tous les autres... J'ai assez vécu en Angleterre et en Amérique pour sentir toute la grandeur de cette question, j'ose même dire pour en apercevoir les différentes faces ; il me manque malheureusement la donnée principale, l'expérience personnelle de cette question en France. »

C'était à la France également qu'il pensait lorsque, un an après la bataille de Sadowa, il entreprenait un long voyage en Allemagne, mettant à profit sa connaissance parfaite de la langue et du pays, comme ses nombreuses relations, pour étudier et prévoir les conséquences des derniers événements. Dès son retour, il adressait à mon père une longue lettre où il résumait ses impressions, et mon père trouvait cette lettre si remarquable qu'il prenait sur lui, à l'insu de M. le Comte de Paris, qui en fut même, j'en ai trouvé la preuve dans ses lettres, plutôt mécontent, de la communiquer à M. Buloz. Elle parut dans le numéro de la *Revue* du 1er août 1867, sans signature bien entendu, et avec quelques lignes d'introduction de M. Forcade. C'était le moment où M. Rouher s'efforçait de démontrer que la guerre austro-prussienne avait affaibli l'Allemagne en la séparant en trois tronçons, et que rien ne menaçait la paix européenne. Dans cette lettre, M. le Comte de Paris démontrait au contraire que la Prusse était en train d'absorber la Confédération du Nord, que les États du Sud n'aspiraient qu'à se joindre à elle, et que la guerre était imminente : « Tout en la déplorant, disait-il, on s'y résigne comme à un mal nécessaire, et, une fois commencée, pour en avoir fini plus tôt, on la fera avec passion. L'Allemagne ne pousse pas M. de Bismarck à la guerre; elle lui sera même reconnaissante s'il l'en dispense; mais elle lui met entre les mains les moyens de *l'allumer* et de la soutenir. » Il ajoutait même avec une précision tristement prophétique: « L'état des forces prussiennes, *mieux préparées et armées, plus nombreuses* que les nôtres, couvertes du prestige de la victoire, et le désir de cimenter l'unité de l'Allemagne au feu d'une guerre étrangère, semblent lui conseiller de *précipiter la crise.* »

Mais ni le bonheur domestique dont il jouissait, ni les occupations dont il avait rempli sa vie, ne parvenaient à soulever pour lui le poids de l'exil. Son désir de rentrer dans ce pays autour duquel il tournait sans cesse, de fouler, comme il l'écrivait à mon père, « quelque coin obscur du sol natal », semblait, à en juger par ses lettres, s'irriter avec les années. Ces bouffées, qui lui arrivaient, d'un air qu'il ne pouvait respirer lui rendaient son exil plus pénible, comme un prisonnier trouverait plus pesante et plus chargée l'atmosphère de sa cellule, après avoir respiré un instant aux barreaux la brise du dehors. Cette souffrance intense fut encore avivée par un mécompte. Lorsque, au commencement de l'année 1870, l'empire autoritaire sembla vouloir se transformer en gouvernement constitutionnel, et lorsque M. le comte de Paris vit des hommes politiques, qu'il avait le droit de ne pas considérer comme des adversaires, arriver au pouvoir, il s'abandonna à l'illusion que l'abrogation de la loi qui avait exilé sa famille serait la conséquence naturelle de ce mouvement. Une pétition en ce sens avait été présentée au Corps législatif. Elle fut soutenue, avec autant de talent que de tact, par M. Estancelin, mais repoussée à une majorité considérable. M. le comte de Paris en éprouva une grande tristesse. Son découragement même fut tel qu'il conçut un instant la pensée de fonder, loin de cette France dont le voisinage entretenait l'âpreté de son désir, un établissement plus définitif que sa modeste villa de York House. Les huit millions de voix du plébiscite venaient, tout récemment encore, et pour longtemps, semblait-il, d'affermir l'Empire. Aucun devoir ne le retenait en Angleterre plutôt qu'ailleurs. Il songea à s'établir, avec femme et enfants, pour un temps indéfini, dans un des États encore à demi sauvages de l'Amérique, où il pourrait mener, loin des villes qu'il n'aimait pas, une vie de grand air, d'occupation agricole, et un peu d'aventure. Puisqu'il ne pouvait pas aborder à la terre promise, du moins il n'en verrait plus les rivages, et il attendrait au loin le jour où l'accès lui en serait ouvert. La déclaration de guerre et nos malheurs vinrent changer ses projets.

Sa première pensée ne fut encore que pour la France. « Quel coup pour notre patrie, entre le moment où vous m'avez écrit et celui où j'ai reçu votre lettre, disait-il à mon père dans une lettre du 16 août 1870. Je vous remercie d'avoir compris tout ce que je devais souffrir et de me l'avoir dit. Vous devez vous figurer mes sentiments en voyant notre pays envahi, et en me trouvant condamné à n'être que le spectateur éloigné de ce désastre national. Par quel fatal enchaînement de circonstances en sommes-nous arrivés là ? On le sent peut-être aujourd'hui ; mais en ce moment il ne peut y avoir dans tous les cœurs de place que pour les vœux que nous faisons tous pour la France. »

Cependant la révolution du 4 septembre et la disparition de la dynastie impériale soulevaient immédiatement, dans tous les esprits, la question de la rentrée des princes d'Orléans. Dès le lendemain, dans la correspondance de M. le Comte de Paris, cette préoccupation se retrouve intense, aiguë. « Je suis, écrivait-il, *prétendant*... à tous les droits des citoyens français. » Mais, dans l'exercice de cette prétention si légitime, il allait trouver devant lui un adversaire redoutable autant qu'inopiné, M. Thiers.

Les derniers temps de l'Empire et les premiers temps de la République sont à peine entrés dans l'histoire. Trop de gens encore vivants, ou représentés par des personnes auxquelles des égards sont dus, y sont mêlés pour qu'il soit loisible à chacun de verser aux débats que ces événements soulèvent les documents qu'il peut posséder. Cette considération seule m'empêche de publier un très curieux journal, tenu par mon père, depuis le lendemain de la déclaration de la guerre jusqu'au jour de la capitulation de Paris, et complété par le récit de certaines négociations auxquelles il fut mêlé pendant les premiers mois qui suivirent la réunion de l'Assemblée nationale. M. Thiers y est en scène presque à chaque page. On l'y verrait, jouant dans les derniers jours de l'Empire le rôle le plus honorable et le plus patriotique, travaillant avec ardeur à prendre des mesures de défense nationale, de concert avec les serviteurs les plus fidèles d'un régime dont tout le monde pressentait la fin imminente, et faisant parvenir à l'Impératrice elle-même les avis les plus judicieux et les plus désintéressés. Mais on verrait en même temps avec quelle rapidité ses dispositions d'esprit, son langage et ses conseils changeaient suivant les circonstances auxquelles il se trouvait personnellement mêlé.

Le 18 août, par mon humble intermédiaire, il faisait parvenir aux princes d'Orléans le conseil de lever un corps franc, d'en prendre le commandement, et de venir guerroyer sur les flancs de notre armée. « Il n'y a point de danger, ajoutait-il. Il n'y a plus un préfet, ni un général qui oserait les faire arrêter. » Mais le 5 septembre au matin, à la seule annonce de leur arrivée probable, M. Thiers (c'est l'expression dont mon père se sert dans son journal) fit un bond en arrière, et s'écria : « Quoi ! ils penseraient à venir en ce moment ! Mais ce serait absurde, ce serait coupable. C'est nous jeter en plein dans la guerre civile. ». Ses sentiments furent plus vifs encore lorsque, quelques mois après, l'élection de M. le prince de Joinville et celle de M. le duc d'Aumale par trois départements français souleva de nouveau, de la façon la plus formelle, la question de l'abrogation des lois d'exil. Dans les nombreuses lettres qu'à cette époque M. le Comte de Paris adressait à mon père, il n'est guère question d'autre chose. Mon père fut en effet mêlé très activement aux négociations qui précédèrent l'abrogation de ces lois. J'y pris moi-même une certaine part, et ce fut précisément l'occasion de mes premières relations suivies avec le prince.

Mon père aurait désiré que, par une proposition dont il saisirait l'Assemblée nationale, M. Thiers prît lui-même l'initiative de rouvrir les portes de la France aux princes des deux branches de la maison de Bourbon; non pas comme une préface à la restauration de l'une ou l'autre de ces deux branches (qui que ce soit ne lui demandait cela, et les princes d'Orléans moins que personne), mais comme une grande mesure de réparation et d'équité. Mais à mon retour de Bordeaux où j'avais passé trois semaines comme député à l'Assemblée nationale, je crus devoir avertir mon père qu'il rencontrerait au contraire chez M. Thiers une vive hostilité contre cette proposition. J'avais été en effet informé d'un incident curieux. A l'une des réceptions données par M. Thiers dans son petit salon de l'hôtel de France, un de mes collègues, fort dévoué à sa personne, mais non moins dévoué aux princes d'Orléans, exprimait un peu naïvement, devant lui sa joie d'avoir vu deux d'entre eux envoyés à l'Assemblée nationale, et mettait en avant l'idée de poser la candidature de M. le duc de Nemours dans son propre département où une vacance allait se produire. M. Thiers, loin d'entrer dans cette idée, s'emporta contre mon malheureux collègue, et se plaignit publiquement, avec une grande amertume, des embarras que lui causaient déjà ceux qu'il appelait *les prétendants*. Et cependant ils ne lui en causaient guère. Car M. le prince de Joinville et M. le duc d'Aumale, cédant à un de ces appels que leur patriotisme écoute toujours, avaient eu l'abnégation de ne pas venir prendre leurs sièges à Bordeaux; et, de leur côté, ni M. le Comte de Chambord, ni M. le Comte de Paris n'avaient donné signe de vie. Mais mon père voulait douter de ces dispositions de M. Thiers qu'il aimait beaucoup, et il accepta la mission délicate de l'interroger sur l'accueil que recevrait de sa part une proposition d'abrogation des lois d'exil.

Je possède, écrit de la main de mon père, le curieux récit de cette conversation, où M. Thiers lui annonça son intention formelle de combattre ce projet. Je n'en veux extraire que ce qui concerne la personne de M. le Comte de Paris, M. Thiers, qui n'avait jamais été en relations avec le prince, avait parlé de lui à mon père avec une bienveillance un peu dédaigneuse. « Vous ne le connaissez pas, lui avait dit mon père; croyez-moi, sa valeur est égale, — et c'était aussi l'opinion de mon beau-père, le duc de Broglie, — à celle de n'importe quelle personne de son rang avec laquelle vous vous soyez rencontré. » Et pour l'en convaincre, mon père crut bien faire de laisser entre les mains de M. Thiers quelques lettres où M. le Comte de Paris s'exprimait sur la situation générale avec une remarquable justesse et modération de langage, sur M. Thiers, en particulier, avec beaucoup de considération et d'éloges, mais où il maintenait énergiquement ce qu'il appelait ses droits de citoyen. Vingt-quatre heures après, M. Thiers rendit ces lettres, mais quel ne fut pas l'étonnement de mon père de l'entendre s'exprimer sur le compte du prince avec une grande violence de langage. « Je ne le connaissais pas, lui dit M. Thiers. Je le connais maintenant ; c'est un rusé, un ambitieux et celui de tous les princes de la famille dont il faudra le plus se méfier. » — « Que s'était-il passé ? ajoute mon père dans son journal. Rien, absolument rien ; mais pendant ces vingt-quatre heures, M. Thiers avait eu le temps de s'apercevoir, en lisant ces lettres, que M. le Comte de Paris avait une grande valeur personnelle. » Il ne fallut rien moins que cet incident pour achever de dessiller les yeux de mon père, et je me souviens encore de l'accent et de l'émotion avec lesquels, entrant chez moi au sortir de cette conversation, il me dit : « Il n'y a rien à faire avec M. Thiers. Il faut vous entendre avec la droite. »

L'entente avec la droite était facile. Nos collègues ne demandaient qu'une chose, et assurément bien légitime : c'était l'assurance que, si les princes d'Orléans souhaitaient de rentrer en France, ce n'était pas pour faire arriver au trône M. le Comte de Paris. Or personne n'était plus disposé à leur donner cette garantie que M. le Comte de Paris lui-même. Sans doute, il portait fièrement les souvenirs du roi Louis-Philippe. Il savait gré à son aïeul d'avoir, en acceptant la couronne, sauvé la France de l'anarchie et de la guerre, de lui avoir donné dix-huit années de prospérité, d'avoir préparé l'armée et les généraux qui devaient faire la campagne de Crimée et d'Italie. Mais pas un jour il n'eut la pensée que le trône de Juillet pût être rétabli à son profit. Volontiers, il eût appliqué à la situation du parti monarchique la spirituelle repartie de M. de Narbonne à Napoléon Ier, quand celui-ci, en querelle avec le pape, menaçait de faire un schisme : « Sire, il n'y a pas assez de religion en France pour en faire deux. » Sans parler de considérations plus élevées, il comprenait très bien qu'à l'encontre des républicains et des bonapartistes l'union de tous les monarchistes était nécessaire, et que cette union ne pouvait se faire qu'autour du principe de la monarchie héréditaire et traditionnelle dont la fixité lui paraissait seule offrir un point d'appui solide. Aussi, lorsqu'il fut sollicité de donner la preuve publique de ses dispositions personnelles, en s'engageant à faire, après l'abrogation des lois d'exil, une visite à M. le Comte de Chambord, il accepta sans la moindre difficulté, et cette promesse de sa part suffit pour réaliser l'entente de la droite dans l'Assemblée.

Unis, les monarchistes disposaient d'une majorité considérable. On en eut la preuve par ce fait que, sur quinze bureaux, treize nommèrent des commissaires favorables à l'abrogation des lois d'exil. J'étais au nombre de ces treize commissaires. Soutenus par une majorité pareille, il nous eût été facile de proposer à l'Assemblée une résolution que nous eussions fait passer de haute lutte, malgré l'opposition de M. Thiers. Mais nous préférions, avec raison, arriver à une entente, et notre premier soin fut de le prier de venir conférer avec nous. Devant la commission, M. Thiers tint un langage assez différent de celui qu'il avait tenu à mon père. Il protesta de ses sentiments personnels vis-à-vis des princes d'Orléans. Il déclara qu'il n'entendait pas s'opposer au mouvement généreux de l'Assemblée, mais que son devoir était de l'avertir des dangers que pouvait amener l'abrogation des lois d'exil qui n'étaient pas des lois de *proscription*, mais des lois de *précaution*. La présence des princes en France pourrait, à un jour donné, occasionner des troubles. Il ne voulait pas, par son silence, être responsable de ce qui arriverait. Cependant il y aurait peut-être une manière de mettre tout le monde d'accord : ce serait de conférer au gouvernement des pouvoirs exceptionnels qui lui permissent de prévenir ces troubles. M. Thiers tira alors de son portefeuille un projet de loi dont il nous donna lecture, après avoir rejeté ses lunettes sur son front, par un geste à lui familier. Ce projet de loi donnait au gouvernement le droit de faire reconduire les princes à la frontière toutes les fois qu'il jugerait que leur présence serait de nature à troubler la tranquillité publique. Ils étaient mis, en un mot, sous la surveillance de la haute police. M. Thiers avait lu ce singulier projet d'une voix un peu sourde et hésitante. La lecture achevée, il rabattit ses lunettes sur son nez et promena un regard rapide sur nos physionomies pour juger de l'effet que cette lecture avait produit sur nous. Personne ne souffla mot; mais il paraît que nos physionomies parlèrent pour nous, car M. Thiers ajouta, avec un peu d'embarras, que ce n'était pas un projet ferme qu'il déposait ; que la commission verrait si elle voulait s'en inspirer ; que peut-être il n'en parlerait même pas à l'Assemblée. Bref, il retira implicitement sa proposition, et pour qu'il n'en restât pas trace, il remit tout doucement dans son portefeuille le texte dont il nous avait donné lecture. Il n'en fut plus jamais question. Je me trompe : cette même proposition devait ressortir un jour du portefeuille de mon confrère, M. de Freycinet.

Quelques jours après, les lois d'exil qui tenaient éloignés de France les princes de la maison de Bourbon étaient abrogées, et le moment, attendu avec tant d'impatience, arrivait enfin où M. le Comte de Paris pouvait librement rentrer en France. « Une fois que je serai rentré, écrivait-il à mon père, quelque temps auparavant, comment pourrais-je être pressé de jouer un rôle politique? Quant à moi, ma pensée sera de faire vraiment connaissance avec ce pays que je n'ai appris à aimer que de loin, de le parcourir en tous sens, de tâcher surtout de me rendre compte des hommes et des choses par mon propre jugement et non plus seulement par les yeux d'autrui, de savourer enfin la jouissance de respirer l'air natal. »

III

C'est à partir de sa rentrée en France que s'établirent entre M. le Comte de Paris et moi des relations rendues chaque année plus étroites par sa bonté. Il demeurait alors tantôt à Paris, rue du Faubourg-Saint-Honoré, dans l'hôtel de M. le duc d'Aumale, tantôt à Chantilly, au pavillon d'Enghien. A plusieurs reprises, il honora mon père de sa visite à Gurcy. J'avais donc de fréquentes occasions de le voir et de causer avec lui.

Je lui parlais toujours avec une grande liberté de langage qui contribua, je crois, à me valoir sa confiance. M. le Comte de Paris n'avait pas seulement horreur de la flagornerie ; il aimait la vérité toute nue. Il s'impatientait même des ambages auxquelles croyaient devoir recourir quelques personnes, lorsqu'elles voulaient lui faire entendre certaines choses qu'elles supposaient ne pas lui être agréables. « Pas de circonlocutions, je vous en prie », disait-il parfois, et même avec une certaine vivacité ; car, n'eût été la conscience et la crainte de faire de la peine, il aurait été assez enclin à l'emportement. Il ne lui fallut pas longtemps pour me déshabituer des circonlocutions et me mettre sur le pied de lui dire mon sentiment, lors même qu'il n'était pas conforme au sien. C'est ainsi que je lui témoignai plusieurs fois le regret de ce que, pour des raisons de moi mal connues, il eût ajourné la visite qu'il s'était engagé à faire à M. le Comte de Chambord, après l'abrogation des lois d'exil. Dans nos relations avec nos collègues de la droite, nous nous heurtions encore à certaines méfiances, et je croyais que, faite plus tôt, cette visite les aurait dissipées. Mais j'étais bien d'accord avec lui qu'une fois différée, il fallait attendre une occasion pour l'accomplir. Cette occasion, le 24 mai vint tout naturellement l'offrir.

La chute de M. Thiers avait fait arriver les monarchistes au pouvoir. Le palais de la présidence était occupé par un maréchal de France qui ne demandait qu'à en sortir. Ne pas profiter de circonstances aussi favorables pour commencer une vigoureuse campagne monarchique eût été une faute impardonnable de la part de ceux que l'expérience de ces deux années avait confirmés dans leur méfiance et leur déplaisance de la république. Mais le signal de cette campagne ne pouvait être donné que par une visite de M. le Comte de Paris à M. le Comte de Chambord. Cette démarche me paraissait donc plus nécessaire que jamais ; aussi, dans les premiers jours de juillet 1873, je me permis de lui écrire à ce sujet une lettre pressante. Je m'étonnais de rester plusieurs jours sans réponse, car il était un correspondant très exact. Mon étonnement cessa quand je reçus la lettre suivante :

« Vienne (souligné), 3 août 1873.

» Mon cher ami,

» La date ci-dessus est, je crois, la meilleure réponse que je puisse faire à votre lettre reçue à l'instant.

» Je suis arrivé hier soir : j'ai demandé d'être reçu à Frohsdorff ; je n'ai pas encore de réponse. J'ai la conscience tranquille. Je ferai pour le mieux, et désire en tout cas éviter tout ce qui ressemblerait à un éclat. Il vaut mieux ne pas parler de moi et de mon voyage jusqu'à ce que je sois sorti du défilé où je suis entré. »

Quelques jours plus tard, dans une nouvelle lettre, il me tenait au courant de certains incidents, et il ajoutait : « Tout ce que je recueille en ce moment me montre que j'ai été bien inspiré en faisant la démarche qui m'a conduit à Vienne. Je n'oublie pas que vous êtes de ceux qui me l'ont conseillée avec le plus de chaleur et de conviction. »

Pendant les deux mois qui suivirent la visite de Frohsdorff, il n'y eut pas de semaine, et, en quelque sorte, pas de jour que je ne visse M. le Comte de Paris, ou ne reçusse de lui quelque communication. Je faisais partie d'un petit groupe de personnes qu'il avait spécialement chargées de préparer le succès de la campagne, et de le tenir au courant des moindres incidents. Il y avait deux choses à faire : trouver, pour le rétablissement de la monarchie, une formule acceptée par M. le Comte de Chambord qui pût être proposée à l'Assemblée nationale ; assurer d'avance à cette formule l'adhésion d'une majorité. Nous étions aux prises avec des difficultés qu'on a peut-être un peu oubliées. La démission de M. Thiers n'avait été acceptée, le 24 mai, qu'à quatorze voix de majorité. Dans la composition de cette majorité figuraient environ trente bonapartistes (au moins d'origine), dont la moitié seulement, dans cette circonstance, continuait à marcher avec nous. Pour remplacer ceux qui nous faisaient défaut, il fallait donc recruter quinze à vingt voix parmi les membres du centre gauche, demeurés jusque-là fidèles à M. Thiers. J'étais particulièrement chargé de ce travail, et je possède encore, transmise par le Prince, la liste de ceux que nous appelions les *douteux*. Les meilleurs moyens d'agir sur ces *douteux*, les différents procédés à l'aide desquels on pouvait déterminer leur conviction firent à ce moment l'objet d'une correspondance très active entre M. le Comte de Paris et moi. Je n'en puis rien publier, car ces lettres traitent de questions de personnes. Je me bornerai à dire que la révélation de certaines promesses de vote, ou tout au moins d'abstention, causerait aujourd'hui quelque étonnement.

Tant d'efforts devaient demeurer infructueux. Dans la journée du 30 octobre, j'appris de la bouche du duc de Broglie, qui était alors ministre des affaires étrangères, qu'une lettre de M. le Comte de Chambord à M. Chesnelong venait d'arriver. Mais le contenu ne lui en était pas connu. Une réunion de la droite devait précisément avoir lieu ce jour-là, rue de la Baume, chez le général Changarnier. Je pensais bien que communication de la lettre y serait donnée. Je passai chez M. le Comte de Paris pour l'informer, et je lui promis, aussitôt que je saurais ce que contenait la lettre, de venir le lui communiquer. Je me rendis ensuite rue de la Baume. J'assistai à l'arrivée de M. Chesnelong, à la lecture qu'il fit d'une voix émue de cette lettre historique, et j'entendis sortir de sa bouche ce cri éloquent, arraché par la pensée que l'exactitude de sa relation pourrait être injustement mise en question : « J'en appelle au Roi, et, si le Roi me manquait, j'en appellerais du Roi à Dieu. » Mais je ne pouvais m'attarder à recueillir les impressions des membres de cette réunion à laquelle assistaient les plus dévoués partisans de M. le Comte de Chambord. J'avais une mission à remplir. Ne voulant pas prendre sur moi de résumer un document aussi important, je priai M. Chesnelong de vouloir bien me confier la lettre elle-même, et je demandai si quelqu'un de mes collègues de la droite voulait m'accompagner auprès de M. le Comte de Paris. Personne ne s'offrit. Je repris donc seul le chemin de la rue du Faubourg-Saint-Honoré. En montant l'escalier, j'entendis le son d'un piano. Madame la Comtesse de Paris chantait, et sa voix, fort étendue, arriva jusqu'à moi. J'hésitai un instant à la porte avant de troubler par mon arrivée cette paisible scène. J'entrai cependant. « Eh bien ! me dit le prince avec vivacité. — Lisez, Monseigneur, » répondis-je en lui tendant le papier que j'avais à la main. M. le Comte de Paris commença la lecture d'une voix ferme et posée ; il continua jusqu'à la fin, sans que son visage s'altérât. Il n'en fut pas de même de madame la Comtesse de Paris. Elle avait entendu le commencement de la lecture avec une physionomie animée. Peu à peu ses traits se détendirent ; sa tête retomba sur sa poitrine, et elle finit par cacher sa figure entre ses mains. Je ne me rappelle plus exactement les paroles que nous échangeâmes, mais on comprendra que de la scène elle-même j'aie conservé un mélancolique et inoubliable souvenir.

IV

M. le Comte de Paris vécut dans une retraite politique absolue durant les dix années qui séparèrent l'échec de la tentative monarchique de 1873 et la mort de M. le Comte de Chambord. Il estimait que la question du drapeau opposait un obstacle momentané, mais insurmontable, à l'établissement de la monarchie. Suivant lui, il n'y avait rien à faire qu'à attendre, en se garant du radicalisme et de l'empire. Aussi n'eut-il aucune parole de désapprobation pour ceux qui crurent pouvoir et devoir, avec la garantie d'une clause de revision perpétuelle et absolue, doter la république du maximum d'institutions conservatrices que cette forme de gouver=

nement peut comporter, et cela sans aucune illusion de leur part, ni sur les chances de succès de la tentative, ni sur la reconnaissance que leur en garderaient les républicains. Mais il ne voulait pas que telle ou telle politique pût s'autoriser de son nom, et encore moins que telle ou telle démarche pût faire supposer chez lui l'intention de tenter une campagne pour son compte. Durant ces dix années, j'eus occasion de le voir familièrement, tantôt à Eu, où il voulait bien m'inviter à faire de fréquents séjours, tantôt à Cannes, où il avait acquis une villa, beaucoup plus rarement à Paris, où il ne s'arrêtait jamais longtemps. Il lisait, étudiait beaucoup, et se plaisait à embellir son domaine d'Eu, auquel il s'était passionnément attaché. Sans doute, il souffrait, comme nous tous, de voir ses plus belles années s'écouler dans l'inaction et l'inutilité. Mais cependant, ce temps fut peut-être le plus heureux de sa vie, car il jouissait à la fois de sa famille, qu'il voyait croître autour de lui, et de son pays, dont l'amour entrait chaque jour plus avant dans son cœur. La maladie, puis la mort de M. le Comte de Chambord, vinrent inopinément troubler cette quiétude.

Je ne sais rien de première main sur les incidents qui signalèrent le double voyage de M. le

Comte de Paris, à Frohsdorff, en juillet, puis en août 1883. Dès son retour de ce second voyage, il m'appela à Eu, et me demanda de faire partie d'un petit groupe de personnes sur le dévouement desquelles il pourrait compter, qui se succéderaient autour de lui à tour de rôle, mais dont les attributions n'auraient rien de politique. De là le nom de *service d'honneur* qui nous fut donné ; et c'était en effet un honneur de servir un prince toujours respectueux de votre dignité, attentif, presque trop attentif à vos convenances, dont la bouche ne proférait jamais une parole désobligeante, et ne s'ouvrait que pour remercier, dont la vie privée était au grand jour, dont la vie publique était un sacrifice quotidien offert à la France. J'ajouterai qu'à l'inverse de ce qui se passe parfois autour des princes, même en exil, tous les membres du service d'honneur ont toujours vécu dans les termes de la plus parfaite cordialité, et que des situations ou des origines assez différentes n'engendraient entre nous d'autre rivalité que celle du dévouement.

Je viens de dire que la vie publique de M. le Comte de Paris était un sacrifice quotidien offert à la France : voici ce que j'entends par là. On a dit parfois qu'il ne voulait pas régner, comme on l'a dit, au reste, de M. le Comte de Chambord, et c'est là une imputation contre laquelle les serviteurs d'un prince qui n'a pas réussi sont toujours obligés de le défendre. C'est faux. M. le Comte de Paris voulait régner ; ce qui est vrai, c'est qu'il le voulait moins par ambition que par devoir. Le devoir et l'amour du pays étaient les deux grands mobiles de sa vie. Il voulait servir la France ; il voulait la servir à tout prix, à toutes les conditions qu'elle voudrait accepter. C'est pour en témoigner qu'il avait réclamé son inscription dans l'effectif de l'armée territoriale, où il avait été heureux d'obtenir le grade de colonel, et dont il avait suivi avec passion les manœuvres. Il l'aurait encore servie autrement, si elle l'avait bien voulu. Mais, depuis la mort de M. le Comte de Chambord, c'était l'honneur et le malheur de son rang de ne pouvoir la servir que comme roi. En consacrant toutes ses forces et tous ses instants à travailler au rétablissement de la monarchie, c'était encore à la France qu'il se dévouait. Il croyait, de plus en plus fermement, que la monarchie lui était nécessaire. Il savait bien qu'en acceptant le rôle de prétendant il risquait la seule chose qu'il redoutât : l'exil, l'exil dont il me disait un jour : « Je ne ferai rien ni pour le provoquer ni pour l'éviter. » En effet, cette considération ne l'arrêta pas, et dès que les événements le mirent en demeure, il se consacra avec ardeur à son nouveau devoir.

La besogne n'était ni mince, ni facile. Depuis la visite de 1873, la réconciliation était opérée entre les deux branches de la maison de Bourbon : elle ne l'était pas complètement entre le parti légitimiste et le parti orléaniste. Bien qu'il n'y eût plus de sujet de querelle, en réalité, ce qu'on appelait autrefois la *fusion* n'était pas faite. Ce fut à opérer cette fusion que M. le Comte de Paris s'appliqua. Il lui fallait recueillir tout l'héritage de M. le comte de Chambord, ne rien laisser se débander de ces troupes précieuses, noyau solide, bataillon sacré de l'armée monarchique, qui a résisté à toutes les épreuves, et qui, en ce temps de défaillance, en fait encore la solidité. Mais il fallait également conserver l'héritage du roi Louis-Philippe, ne pas mécontenter les vieux fidèles de Claremont et ne pas effaroucher cette opinion moyenne, sincèrement libérale mais encore plus sincèrement bourgeoise, qui voulait bien de la monarchie, mais qui n'entendait pas en revenir à la Restauration. Il fallait s'assurer les catholiques qui n'avaient pas gardé bon souvenir de certaines mesquineries du gouvernement de 1830 ; et il fallait aussi ne pas froisser les protestants dont quelques-uns aimaient à se rappeler que le Comte de Paris était le fils d'une princesse huguenote, et, par les femmes, le dernier descendant de Coligny. Il importait également de ne pas s'aliéner les esprits indifférents, qui ne tiennent qu'à la tolérance. Il fallait encore chercher à ramener ceux des anciens partisans de la maison d'Orléans que M. Thiers avait détournés, et profiter même des relations que, sous l'empire, l'union libérale avait nouées avec le parti républicain pour faire entendre aux hommes les plus justement considérés de ce parti qu'ils ne trouveraient pas dans le prince un homme à idées étroites et à rancunes tenaces.

Par son absence de préjugés, par son goût pour les hommes nouveaux, M. le Comte de Paris était admirablement propre à cette tâche. Renonçant aux habitudes et aux travaux qui lui étaient les plus chers, il s'y consacra tout entier, par relations personnelles ou par correspondance, avec une activité qui lui aurait bien donné le droit d'adopter cette devise personnelle à laquelle il avait songé un instant : *Lilia nent atque laborant*. Sa journée tout entière y passait, et cependant sa journée était longue. Elle commençait à cinq heures du matin. Lorsque je descendais chez lui, à neuf heures, dans le *study* d'Eu, et plus tard de Sheen ou de Stowe, où le bureau de madame la Comtesse de Paris était toujours installé à côté du sien, sa besogne personnelle était déjà faite, et son temps libre. La mienne était préparée. Elle consistait, en partie, à lui signaler ce qu'il y avait d'intéressant dans les journaux dont la lecture lui prenait beaucoup de temps. Leurs attaques les plus grossières le laissaient parfaitement indifférent ; mais leurs lazzis sur son compte, quand il les trouvait bien tournés, le divertissaient beaucoup, et M. Rochefort ne s'est jamais douté des bons moments que certains de ses articles lui ont fait passer. Il me montrait ensuite presque toutes les lettres qu'il avait reçues, et il en recevait énormément. Il m'indiquait les réponses à faire à quelques-unes, se réservant de répondre lui-même au plus grand nombre. Je lui communiquais à mon tour les miennes, particulièrement celles qui contenaient quelques critiques dirigées contre sa politique. Je lui faisais part de mes impressions personnelles, et nous causions ainsi librement de toutes choses jusqu'au déjeuner. L'après-midi se partageait ensuite entre les conversations particulières avec les nombreux visiteurs qui venaient le voir au château d'Eu, et les exercices physiques qu'il jugeait indispensables à l'équilibre d'une vie masculine. La soirée se terminait de bonne heure. Aucune contrainte, aucune étiquette, peut-être même pas assez; mais la cordialité la plus grande, et il n'y avait si petit service rendu dont on ne fût surabondamment remercié.

Tant de conscience, tant d'application, une si juste intelligence de ses devoirs et de la situation du pays ne devaient pas être perdues. Les élections de 1885, par lui dirigées personnellement, montrèrent combien efficace et habile avait été son action. Cent sièges gagnés sur les républicains, et le nombre des membres de l'opposition doublé en vinrent témoigner. Il y eut, à la suite de ces élections, quelques mois où la monarchie parut avoir le vent dans les voiles. Les incidents heureux se succédaient. Le mariage qui faisait de la fille aînée de M. le duc de Chartres la belle-sœur à la fois du Tsar et du prince de Galles, les fêtes données à cette occasion au château d'Eu où les télégrammes royaux affluèrent, les fiançailles de la princesse Amélie avec l'héritier du trône de Portugal, l'éclatante soirée donnée rue de Varenne pour son contrat, tout semblait présager des jours nouveaux. La personne de M. le Comte de Paris sortait de la pénombre pour entrer dans la lumière. Bien des fois il était venu à Paris, sans attirer l'attention. Quelques jours avant son départ pour

Lisbonne où il allait conduire sa fille, sa voiture à roues rouges et à livrée bleue, qui stationnait rue Vivienne à la porte d'un photographe, fut remarquée. Les passants se groupèrent, de plus en plus nombreux. M. le Comte de Paris, qui ne s'en doutait pas, sortit accompagné de madame la Comtesse de Paris et de la princesse Amélie. Voulant faire quelques emplettes, il essaya de suivre la rue à pied. La foule lui fit cortège et, comme elle grossissait de moment en moment, il fut obligé de remonter en voiture pour s'y dérober.

Le jour du départ pour Lisbonne (j'étais du voyage), des instructions sévères durent être données pour empêcher que la gare de Paris et les autres gares du réseau fussent envahies par des manifestants qui voulaient apporter des fleurs à la jeune princesse. Mais, ce qu'on ne put empêcher, ce fut que dans un rayon de cinquante lieues autour de Paris, il n'y eût, à presque tous les passages à niveau, des curieux assemblés pour voir passer le train spécial qui semblait porter tant de promesses. Parfois nous remarquions, dans les champs, des paysans qui s'interrompaient de leur travail pour faire des signes de la main. Je me souviens, entre autres, de notre sortie de Blois. A cent mètres de la gare, la voie coupe une large rue et traverse un faubourg. Au passage à niveau, la rue était noire de monde ; dans le faubourg, toutes les fenêtres étaient garnies ; les femmes agitaient leurs mouchoirs ; des fleurs furent jetées. Nous fûmes charmés et même un peu surpris de ces manifestations. Nous sûmes depuis que les commissaires de surveillance des différentes gares en avaient rendu compte au gouvernement, et que l'unanimité de leurs rapports fut pour beaucoup dans la résolution que prirent alors les ministres de déposer une proposition d'exil.

On sait que la proposition en question fut déposée au moment où M. le Comte de Paris quittait Lisbonne pour revenir en France. Ce fut en cours de route, au buffet d'une petite station appelée Talaveyra de la Reyna, que le Comte de Paris l'apprit, en lisant un journal espagnol. La pensée nous vint à l'esprit que le gouvernement se proposait peut-être de brusquer les choses, et d'arrêter le Comte de Paris à la frontière, sauf à demander ensuite aux Chambres un bill d'indemnité. En wagon, nous tînmes un petit conseil de guerre, le prince, M. le duc de Chartres, le marquis de Beauvoir et moi. M. le Comte de Paris comptait passer deux jours à Madrid, et ce séjour avait été annoncé d'avance par les journaux. Le plan était tout indiqué : brûler

Madrid et se diriger immédiatement vers la frontière, en tâchant que le départ du prince ne fût pas signalé. A la gare de Madrid, nous prîmes, en effet, la précaution de monter ostensiblement et à l'avance dans le train qui était en partance pour Paris, M. le duc de Chartres, M. de Beauvoir et moi, tandis que M. le Comte de Paris n'y monta qu'au dernier moment et à contre-voie. Sa présence dans le train ne fut donc pas signalée par le télégraphe. Mais il fallait cependant prévoir le cas où des instructions auraient été envoyées par avance à la frontière. Quelques heures avant d'arriver à Hendaye, sur la table du *sleeping car*, le prince rédigea, à tout événement, une courte et énergique protestation contre l'atteinte portée à ses droits de citoyen français et contre la violence par laquelle on l'empêchait de rentrer dans son pays. Si les princes étaient repoussés par la force à Hendaye, nous devions, Beauvoir et moi, passer outre et porter cette protestation à Paris. Nous étions fort animés, comme on l'est quand on se prépare à la lutte. Pendant la dernière demi-heure de notre trajet, nous gardâmes pourtant le silence ; peu à peu je vis la physionomie du prince changer, et ses traits s'affaissant trahir une tristesse profonde. Il ne se faisait point d'illusion sur ce qui l'attendait tôt ou tard : c'était l'exil, l'exil, c'est-à-dire le retour aux mélancolies et aux souffrances de sa jeunesse, la vie inutile et vagabonde, sans patrie, sans foyer. N'aurait-il donc vécu quinze ans en France que pour avoir appris à l'aimer davantage, et sentir plus cruellement la douleur d'en être arraché?

Nous arrivâmes à Hendaye à midi. Pas de commissaire de police sur le quai, ce qui nous parut de bon augure. Pour ne pas attirer l'attention, nous allâmes déjeuner tous les quatre à la table d'hôte, avec le reste des voyageurs. Mais le bruit de la présence de M. le Comte de Paris dans le train s'était naturellement répandu. Aussi, au bout de dix minutes, vîmes-nous arriver le commissaire de police, qui entra d'un air effaré, et, faisant le tour de la table, se mit à regarder, en quelque sorte sous le nez, chaque voyageur, pour voir s'il reconnaîtrait le prince, dont les traits avaient été popularisés par de nombreuses photographies. Personne ne dit mot, personne ne bougea. Pas une parole, pas une indication ne vint aider dans sa recherche le malheureux fonctionnaire, qui semblait fort ennuyé de son rôle. On sentait que toute la table était complice, et désirait que le prince passât inaperçu. Le commissaire de police finit cependant par le reconnaître, et, de plus en plus effaré, il se précipita hors de la salle, sans doute pour faire son rapport par télégraphe. Mais le péril était conjuré, et M. le Comte de Paris, son déjeuner fini, put regagner tranquillement le train. Le hasard fit que le quartier-maître du stationnaire de la Bidassoa se trouvât en tenue dans la salle du buffet. Le prince eut à passer devant lui ; le quartier-maître s'effaça et fit le salut militaire. Quelques minutes après, le train nous emportait vers Paris, que nous ne fîmes que traverser. Le même soir, nous arrivions à Eu.

J'ai fait bien des séjours à Eu, et de tous j'ai gardé un doux souvenir, excepté de celui-là. Madame la Comtesse de Paris vint nous rejoindre, quelques jours après, avec tous ses enfants, et je puis dire que, pendant un mois, j'assistai à une lente agonie. Parents et enfants voyaient approcher, avec une égale angoisse, le jour où il leur faudrait quitter cet endroit qu'ils aimaient tant, et ce pays où ils étaient si heureux de vivre. Jamais je n'eus l'occasion d'admirer à un égal degré la fermeté d'âme du prince. En apparence, rien n'était changé dans sa vie. Ses journées étaient toujours méthodiquement remplies. Tandis que nous nous agitions tous plus ou moins autour de lui, ses occupations et même ses plaisirs, chasse ou pêche, semblaient demeurer les mêmes ; mais la mélancolie qu'il y apportait trahissait que, dans sa pensée, il s'y livrait pour la dernière fois. Je me souviens encore d'une promenade que nous fîmes dans le parc d'Eu, la date du départ étant déjà fixée. Je l'entretenais, avec une certaine vivacité, de préparatifs que je jugeais indispensables. Tout à coup il s'arrêta, et jetant les yeux sur le gazon : « Tiens, dit-il, voilà une graminée que je n'avais pas encore vue ici. » J'eus un peu d'impatience, et comme je le savais un botaniste passionné, je ne pus m'empêcher de lui dire : « Avec vous, monseigneur, la botanique ne perd jamais ses droits. » Il sourit, me regarda sans rien dire, et, se baissant, cueillit la petite herbe qu'il enveloppa avec soin dans un morceau de papier. Je regrettai alors mon irrévérencieuse plaisanterie, car je compris que c'était une relique qu'il emportait.

Ce triste séjour d'Eu était cependant, je ne dirai pas égayé, mais consolé par les témoignages de sympathie et par les visites que recevait le prince. Ces visites furent nombreuses, presque toutes publiques, quelques-unes mystérieuses. Dans les derniers jours l'affluence des fidèles fut énorme. La veille du départ, une véritable foule remplissait la grande galerie du château. M. le Comte de Paris avait donné l'ordre de laisser entrer quiconque se présenterait, et rien ne montrait mieux que l'aspect et la composition de cette foule combien il avait réussi dans son travail de fusion et d'assimilation de tous les éléments du parti monarchique. Il y avait là des hommes de toutes les conditions, dans les costumes les plus divers; à côté de corrects messieurs en habit noir, des nouveaux arrivants, en tenue de voyage, et des paysans en blouse. Il y avait aussi des descendants d'hommes qui non seulement avaient appartenu autrefois aux partis les plus différents, mais qui avaient été en lutte directe les uns contre les autres. Je crois apercevoir encore un groupe où le hasard, — ou plutôt non, ce n'était pas le hasard; — avait réuni un arrière-petit-fils du prince de Polignac, un petit-fils de M. de Montalivet, et un arrière petit-fils du général de La Fayette. Je pourrais citer encore d'autres noms; je ne le ferai pas, car ils pourraient y voir un reproche ou une épigramme. Ils se tromperaient : ce ne serait qu'un souvenir et une espérance. Cette foule était houleuse, agitée, bruyante; mais tout à coup, par moments, le silence se faisait, les rangs s'entr'ouvraient, une haie se formait, respectueusement. Et ce qui commandait ce silence et ce respect, ce n'était pas une vaine étiquette; c'était un sentiment qui venait du cœur; car ceux-là devant qui les têtes s'inclinaient et les yeux se mouillaient parfois de larmes, ce n'étaient pas des princes dont des courtisans se disputaient la faveur ; c'étaient des exilés qui passaient.

Le lendemain eut lieu le départ. Nous n'avions pas obtenu sans quelques difficultés de M. le Comte de Paris l'autorisation de prendre les mesures nécessaires pour donner à ce départ non seulement la dignité, mais la solennité. Il avait l'horreur instinctive de tout ce qui sentait la mise en scène et l'apparat. Dans cette circonstance, il comprit cependant que l'éclat donné au départ était une forme légitime de protestation, et il se prêta à tout ce que nous proposâmes. Il dépassa même notre attente, et nul ne fut plus surpris que moi lorsque, au moment où la *Victoria* qui nous emmenait (tout le service d'honneur partit avec lui) quitta le quai du Tréport, il donna le signal de hisser au sommet du mât le drapeau tricolore et, agitant son chapeau, se mit à crier : « Vive la France! Au revoir ! » Sa grande taille qu'il redressait, son geste ample, sa voix forte, firent une impression électrique sur la foule qui répéta le même cri jusqu'au moment où le bateau dépassa la longue jetée. L'écho de ces cris allait s'affaiblissant, et l'émotion qui nous avait tous pris à la gorge commençait à se calmer, lorsque, tout à coup, nous entendîmes une nouvelle clameur. Des cris frénétiques de : « Vive le Roi ! » partaient d'une petite barque qui dansait sur le sommet des vagues. C'étaient quelques zouaves du général de Charette qui s'étaient réunis là : et ces derniers cris qui saluaient, à son départ de France, le petit-fils de Louis-Philippe étaient poussés par les débris de cette troupe héroïque qui, à Patay, a su combattre et mourir à la fois sous le drapeau tricolore et sous le drapeau blanc.

Quelques heures après nous arrivions à Douvres. Un dîner d'une vingtaine de couverts rassemblait tous les compagnons du voyage, et se ressentit encore de l'animation de la journée. Je n'y pris point part, et, retiré dans un coin, je tombai un instant dans l'abattement. J'avais devant les yeux la claire vision des réalités de l'exil. « Voilà donc, me disais-je, à quoi aboutit ce départ solennel, poétique même, à un dîner dans une salle à manger d'hôtel ! » Madame la Comtesse de Paris s'aperçut que je me tenais à l'écart, et me devina, je crois : « Vous êtes triste, me dit-elle avec bonté. — Oui, madame, répondis-je. Je suis triste de vous voir à l'auberge. » Nous nous comprîmes, car l'exil c'est bien l'auberge, l'auberge toujours, l'auberge partout. J'ajoute que M. le Comte de Paris a toujours voulu qu'il en fût ainsi. Pas plus au bout de cinq ou six ans que le premier jour, pas plus à Stowe qu'à Sheen, il n'a voulu donner à aucune de ses résidences l'aspect d'une installation véritable, comme avaient pu le paraître Frohsdorff ou Claremont. Des objets qui lui tenaient le plus à cœur, il n'a jamais fait venir aucun, et, sauf le drapeau de la *Victoria*, qui l'a toujours suivi partout, qui a été étendu sur son cercueil, et qui est aujourd'hui à Randan, il n'avait rien emporté de France.

V

Loin de distendre mes relations avec M. le Comte de Paris, l'exil les resserra. Je me faisais une obligation d'aller le voir en Angleterre plus souvent qu'à Eu. Au début je m'étais amusé à compter mes traversées. Je m'arrêtai à la dix-septième, au bout de six mois. J'étais bien récompensé de ces légères fatigues par la cordialité de son accueil et par l'habitude qu'il prit de causer de plus en plus à cœur ouvert avec moi. Mon service me faisait également passer des temps assez longs avec lui. Nous avions d'interminables conversations, tantôt sur les bâteaux à vapeur qui nous menaient, par d'assez grosses mers, de Portsmouth à Lisbonne, tantôt dans les wagons du *sleeping car* où nous roulions lentement à travers la montueuse Espagne, tantôt dans les *moors* d'Écosse, tantôt dans la *marisma* du Guadalquivir. Ces conversations portaient sur tous les sujets possibles, car M. le Comte de Paris avait l'esprit remarquablement ouvert et meublé. Hormis les spéculations métaphysiques, pour lesquelles il raillait parfois mon faible, il n'était rien qui ne l'intéressât. Avant tout, les sciences ; mais comme, en cette matière, je n'étais qu'un assez pauvre interlocuteur, nous parlions surtout de choses littéraires. Il n'aimait guère les romans, pas assez peut-être, lui disais-je parfois, et il voulait bien s'en rapporter à moi du soin de lui désigner ceux qu'il fallait lire. Mais l'histoire le passionnait, surtout l'histoire de France, et il ne paraissait pas en ce genre un livre de quelque valeur qu'il ne le lût aussitôt. Il avait, sur le rôle de la monarchie, des opinions que je résumerai en disant qu'autant il admirait Henri IV, autant il en voulait à Louis XIV. Je lui disais quelquefois en plaisantant : « Monseigneur, quand vous reviendrez, vous ferez de la politique large, n'est-ce pas ? » Et il me répondait sur le même ton : « Fiez-vous à moi ! » C'étaient cependant les incidents de la politique quotidienne qui faisaient l'objet habituel de sa conversation. Bien que mon service auprès de lui fût demeuré purement honorifique, cependant sa confiance personnelle me faisait parfois intervenir dans certains incidents politiques, et c'est ainsi que je me trouvai quelque peu mêlé à l'épisode du général Boulanger.

J'éprouve un certain embarras à parler de cet épisode durant lequel je me suis trouvé, sur un point important, en dissentiment avec quelques-uns de mes amis et avec le prince lui-même. Cet embarras tient précisément à ce que, par malheur, les faits m'ont donné quelque peu raison. Mais le témoignage que j'ai promis, pour avoir quelque valeur, doit être complet et sincère sur tous les points. A mes amis je ne reprocherai certes pas une illusion que j'aurais peut-être partagée si, par le fait du hasard, comme je vais l'expliquer, je n'avais été mieux informé qu'eux. Quant à mon dissentiment avec le prince, je tiens à dire en quoi il consista, car je ne crois pas que la pensée à laquelle il a obéi ait jamais été bien comprise.

En 1881, à l'occasion du centenaire de York-Town, j'avais fait aux États-Unis un voyage de trois mois en compagnie du général Boulanger, et j'avais vécu dans les termes d'une grande familiarité avec lui. Je l'avais trouvé bon garçon, ou plutôt bon diable, de rapports très agréables, ayant souvent le mot heureux, possédant au plus haut point l'art de la mise en scène, ayant par conséquent ce qu'il fallait pour arriver rapidement à une popularité éphémère. Mais j'avais été frappé aussi de sa suffisance et en même temps de sa nullité, de son manque de tenue et de l'empire absolu qu'exerçait sur lui la vue du moindre jupon après lequel il ne pouvait s'empêcher de courir, au mépris de toute convenance même officielle. Je n'admettais donc pas qu'il pût être fait le moindre fond sur lui. Je demeurais persuadé que ce ballon gonflé crèverait au premier coup d'épingle. De plus, les allures de César démagogue qu'il prenait me déplaisaient fort. Aussi, tout en me rendant compte combien était forte la tentation de faire alliance avec lui contre ceux qui détenaient alors le pouvoir (un ministère radical venait précisément d'arriver aux affaires), cependant j'étais d'avis de résister à cette tentation, de faire, nous monarchistes, bande à part et de le combattre au besoin. Il y avait grande division sur ce point dans le parti monarchique, et assurément le cas était embarrassant.

Sur ces entrefaites, c'était le lendemain de la triomphante élection du général Boulanger dans le Nord, M. le Comte de Paris revint d'Espagne, assez mal informé, comme on peut penser, d'une situation dont l'imprévu déjouait son esprit méthodique. Il convoqua plusieurs personnes en Angleterre, pour leur demander leur sentiment. Je fus du nombre. J'opinai très nettement dans le sens que je viens d'indiquer. Le prince me demanda de bien préciser mes idées ; pour le mieux faire, je jetai sur le papier le brouillon d'une déclaration, où, après avoir fait retomber sur le régime républicain la responsabilité et l'humiliation de cette menace d'insurrection prétorienne, le prince conseillerait cependant aux monarchistes de n'y point prêter la main. Je laissai mon brouillon entre ses mains, et je repartis pour Paris, mon service ne me retenant pas alors auprès de lui. Quelques jours après, je lus dans les journaux monarchiques les premières lignes de la déclaration que j'avais proposée ; mais la fin en était différente, et semblait conseiller aux royalistes de prendre, vis-à-vis de ce qu'on a appelé le mouvement boulangiste, l'attitude d'une neutralité bienveillante. L'avis de ceux qui voyaient dans le général Boulanger une force à ménager avait triomphé.

L'événement sembla d'abord leur donner raison. Quelques mois après, sa triple élection dans le Nord, dans la Somme et dans la Charente-Inférieure imprimait à la République une secousse qui semblait présager sa chute. Mais plus la popularité du général Boulanger grandissait, plus s'accroissaient mes inquiétudes. Je le voyais, aux élections prochaines, nommé au scrutin de liste dans un grand nombre de départements comme l'avait été M. Thiers en 1871, et porté ensuite comme lui au pouvoir par les monarchistes, ce qui me paraissait une imprudence et même un péril, étant donnée l'opinion que j'avais de sa personne. J'eus à cette occasion une explication avec M. le Comte de Paris, et je lui dis mes craintes. « Je n'ai pas plus que vous, me répondit-il, le désir de voir arriver au pouvoir le général Boulanger ; mais je vois en lui une force électorale dont, surtout au scrutin de liste, les monarchistes ont parfaitement le droit de se servir pour triompher de la pression gouvernementale et arriver en majorité à la Chambre ; quand ils y seront, ils feront du général Boulanger ce qu'ils voudront. S'il est ce que vous dites, il ne sera que plus facile à eux de se passer de lui. » Et, comme je lui objectais qu'au milieu de toute cette agitation l'idée monarchique s'oblitérait, il me répliqua : « Mais c'est aux monarchistes à la faire vivre, par la propagande, par la presse, par les conférences. Vous qui avez le goût de la parole, vous devriez faire un discours quelque part où vous diriez que la monarchie est la conséquence nécessaire de tout ceci. Ne parlez pas du général Boulanger d'une façon blessante, c'est tout ce que je vous demande. » Je ne me le fis pas répéter, et, quelques mois après, je prononçais à Lyon (c'était en décembre 1888) un discours où, après avoir parlé du général Boulanger, sans bienveillance mais sans injures, ce qui me paraissait inutile, je fus assez heureux pour faire applaudir par trois mille personnes ces paroles significatives : « Royalistes, nous ne travaillerons jamais que pour le Roi. Tout ce qui ne nous conduirait pas à la monarchie n'aura jamais notre concours. Tout ce qui prétendrait nous en éloigner nous trouvera résolument sur son passage. » Quelques jours après, je reçus une lettre du prince, que je ne publie pas parce qu'elle était trop obligeante pour moi, mais qui me montrait que j'avais parfaitement traduit sa pensée.

Cependant les chances du général Boulanger semblaient grandir chaque jour, et son élection foudroyante à Paris le portait, pour un temps bien court, au pinacle. Les élections approchaient ; chacun commençait à penser à soi-même, et à se préoccuper de l'attitude qu'il aurait à prendre. Le bruit se répandait de plus en plus qu'un arrangement était conclu entre le général Boulanger et les monarchistes ; que ceux-ci le feraient arriver au pouvoir sous une forme ou sous une autre, et qu'au bout d'un temps plus ou moins long il serait le Monk d'une restauration nouvelle. Je ne croyais pas au succès de la campagne, et j'étais décidé en tout cas à n'y pas prêter les mains. Mais, comme j'avais l'intention de me présenter aux élections, je voulus avoir à ce sujet avec M. le Comte de Paris une explication décisive ; car, à supposer que je fusse nommé, je ne voulais pas avoir à me mettre en travers de ce plan, si vraiment il était agréé, et me trouver dans cette situation singulière de me ranger du côté de M. Carnot contre M. le Comte de Paris. Je lui dis donc un jour, et avec une certaine vivacité : « Monseigneur, à tort ou à raison, je suis parfaitement résolu, si je suis nommé député, à ne pas contribuer à faire arriver le général Boulanger au pouvoir à quelque titre que ce soit, ni comme président de la République, ni même comme président de la Chambre. Si donc votre désir est qu'il y arrive, dites-le moi bien franchement, je vous en supplie, et je ne me présenterai pas. Rien n'est plus simple, et du reste, le sacrifice ne sera pas grand, car j'ai peu de chances d'être nommé.

« — Mais tranquilisez-vous donc ! me répondit-il avec la voix un peu impatiente que je lui connaissais lorsqu'on le forçait à répéter plusieurs fois la même chose. Je vous affirme de nouveau que je n'ai aucune intention de faire arriver le général Boulanger au pouvoir, et vous pourrez voter contre lui tant que cela vous fera plaisir sans vous mettre en opposition avec moi. Au surplus, je ne vous en voudrais jamais de voter selon votre conscience; mais il ne sera nullement nécessaire de faire du général Boulanger un président de la République éphémère pour arriver à se débarrasser de la Répupublique elle-même. »

Alors il m'expliqua par quel expédient une majorité monarchique, disciplinée et bien conduite, pourrait contraindre M. Carnot à se soumettre ou à se démettre, comme les républicains y avaient autrefois contraint le maréchal de Mac-Mahon, et proposer à la ratification du pays le rétablissement de la monarchie. L'expédient, qu'il est inutile de rapporter ici, me parut d'un succès très incertain. Je persistai donc dans mon avis, et j'y persiste encore, car je demeure persuadé que, si les monarchistes, en majorité dans l'Assemblée, avaient refusé de porter le général Boulanger au pouvoir, il se serait emparé du pouvoir malgré eux, en soulevant la rue contre l'Assemblée. Je ne viens donc pas dire aujourd'hui que M. le Comte de Paris ait eu raison, après m'être permis de lui dire autrefois qu'il avait tort. Je me suis même souvent demandé comment, avec son esprit si juste, il avait pu s'embarquer dans une entreprise qui répugnait autant à sa nature. Voici la seule explication que j'en puisse trouver, et cette explication est pour moi une certitude. A ce moment de sa vie M. le Comte de Paris ne pouvait encore pardonner à ceux qui l'avaient exilé. Ils l'avaient mis hors la loi : à ses yeux, ils étaient hors la loi à leur tour. Un instrument s'offrit à lui pour les atteindre : il le ramassa, c'est l'expression même qu'il a employée, là où il l'avait trouvé, et il crut avoir le droit de s'en servir pour frapper d'un coup mortel ceux qui l'avaient lui-même frappé en plein cœur. Ce n'étaient, suivant lui, que légitimes représailles, et cette erreur, cette faute si l'on veut, qui lui ont été si durement reprochées, n'ont été que l'erreur et la faute d'un patriotisme ulcéré.

VI

Lorsque M. Bocher, après une longue vie de dévouement, crut avoir gagné le droit de prendre sa retraite, je n'ai jamais bien su quelles raisons déterminèrent M. le Comte de Paris à me faire un honneur tout à fait disproportionné avec mon âge, et surtout avec ma situation dans le parti en me choisissant pour être son représentant auprès des comités et de la presse monarchique. Je me suis toujours figuré que notre dissentiment à propos de la campagne précédente fut sinon l'unique, du moins la principale cause de ce choix. Il reconnut que, si je me croyais dans le vrai, il n'était pas absolument facile de me faire changer d'avis. Assez obstiné lui-même, il faisait cas de l'obstination chez les autres. Et puis, il s'était dit, avec raison, que mon affection pour lui ne me permettrait pas de répudier une tâche assez difficile et ingrate. Je conserve, comme un titre de noblesse, une lettre, du 23 février 1891, dans laquelle, pour me résoudre à accepter ce qu'il appelait une belle et grande mission, il faisait appel « à mon dévouement à la France, à ma foi politique, à mon amitié personnelle. » Il m'invitait à venir à Villamanrique en conférer avec lui, et il ajoutait : « Votre visite sera un bon souvenir de plus parmi ceux qui me rattachent à cette résidence, mon seul *home* depuis l'exil. J'aime mieux vous recevoir ici que dans l'un des *garnis* que j'occupe en Angleterre avec la même tristesse indifférente, qu'ils s'appellent Folkestone, Sheen ou Stowe. »

Durant les quelques jours que je passai à Villamanrique, nous tombâmes rapidement d'accord sur le plan que je lui soumis. Rallier par un langage clair et vigoureux nos amis, un peu désorientés par la dernière campagne ; remettre en pleine lumière l'idée monarchique, que les préoccupations électorales avaient trop rejetée dans l'ombre; restaurer la façade de l'édifice, qui pendant la bagarre avait reçu certaines injures; la repeindre en blanc, mais planter au sommet le drapeau tricolore : c'est là ce que, d'accord avec lui, je me suis proposé pendant trois ans. Si j'y ai plus ou moins bien réussi, la chose ne vaut pas la peine de s'y arrêter. Je tiens à dire cependant quel concours, pour ma besogne quotidienne j'ai trouvé chez lui, concours non pas seulement moral, mais en quelque sorte matériel.

M. le Comte de Paris savait à merveille sa France politique. Il n'y avait pas un département, pas un arrondissement, presque pas un canton sur lequel il n'eût, dans sa mémoire, les renseignements les plus précis. De même l'histoire personnelle de chacun, ses origines, ses préférences, ses succès ou ses mésaventures, lui étaient connus sur le bout du doigt, et l'on peut penser de quel secours était pour moi, novice, cette sûreté d'informations. Je n'avais avec lui qu'une difficulté : c'était de l'empêcher d'en trop faire et de prendre trop de choses sur lui. Au lieu de laisser peser sur ceux qui avaient sa confiance la responsabilité des détails, et aussi l'impopularité de mesures parfois nécessaires, son mouvement était de les couvrir toujours ; et, lorsque, sur tel ou tel point, ils avaient agi contre son sentiment et que la chose n'avait pas réussi, loin de s'en prendre à eux, il ne les abandonnait jamais.

Pour se tenir ainsi, du fond de l'exil, au courant des moindres choses, pour prêter attention à tous les incidents, pour, dans les moments qui portaient le plus au découragement, ne rien négliger, ne rien abandonner, il fallait une force d'esprit et une énergie morale peu communes. Mais lorsque j'ai appris depuis dans quelles conditions il s'adonnait à cette occupation quotidienne, le respect que j'avais toujours eu pour lui s'est transformé en vénération.

En 1890, j'avais accompagné M. le Comte de Paris aux États-Unis et au Canada, où il fut triomphalement reçu. Ce furent ses derniers beaux jours. Durant la traversée, de cruelles souffrances l'obligèrent à s'aliter quarante-huit heures. Je croyais cependant à une indisposition sans gravité. Je fus donc surpris lorsque, sur la figure du docteur Récamier, qui nous accompagnait, je lus, un matin, une véritable angoisse, et lorsqu'il me dit : « J'aurai peut-être une détermination très grave à prendre : je ne ferai rien sans vous prévenir. » Je soupçonnai dès lors qu'une menace planait sur la santé du prince. Je fus donc moins étonné lorsque, au mois de mars 1891, à Villamanrique, après que nous fûmes convenus de tout, il ajouta : « Je dois vous prévenir d'une chose. J'étais très fort autrefois, je ne le suis plus maintenant : ma santé exige de grands ménagements. En particulier, l'humidité de l'Angleterre me fait grand mal. Sans doute, le jour où j'aurai un devoir à remplir, j'y reviendrai à tout prix. Mais, dans l'habitude de la vie, si vous me voyez faire ici des séjours plus prolongés que cela ne vous paraîtra bon pour nos affaires, sachez que j'y suis obligé. » Je compris, mais à demi seulement, car je ne savais pas encore ce que j'ai su depuis : c'est que, depuis deux ans déjà, les médecins les plus illustres l'avaient condamné sans appel ; c'est qu'il vivait dans l'alternative ou d'une complication qui l'emporterait en quelques jours, ou d'une mort lente et accompagnée de souffrances cruelles. Peu à peu cependant, et à force de vivre dans son intimité, je devinai à certains indices, à certaines paroles, le douloureux secret qui n'avait qu'un seul confident bien digne de le recevoir : son frère. Je devinai qu'il ne devait la prolongation de ses jours qu'aux soins assidus qu'il recevait ; que de tant d'application, de tant d'efforts, de tant de sacrifices, il ne pouvait plus attendre aucune récompense personnelle, et que, s'il n'épargnait rien pour préparer et rapprocher le succès, c'était pour son fils, pour la monarchie elle-même et surtout pour la France, qu'il épuisait le reste de ses forces. On me permettra d'ajouter que je considère comme l'honneur de ma vie d'avoir été associé pendant trois ans à ce labeur désintéressé.

Les derniers jours de M. le Comte de Paris furent tristes. Je ne voudrais rien dire qui pût troubler l'âme de ceux qui ajoutèrent à ces tristesses, mais ici encore je dois la vérité. M. le Comte de Paris avait, en politique, l'esprit remarquablement large et intelligent des points de vue différents du sien. Il comprenait que la cause de la religion catholique et celle de la monarchie pussent et dussent même être séparées. Il n'avait jamais été partisan de ces alliances étroites qui, dans le passé de notre pays, n'ont jamais profité à la longue ni à l'un ou à l'autre pouvoir ; dans l'avenir, il considérait même la séparation des deux causes comme un bienfait. Mais, ce qu'il ne comprenait pas, c'était que, après s'être compromis au service de l'Église, après avoir défendu, pour ne point l'abandonner et par point d'honneur, des thèses souvent difficiles et impopulaires, les monarchistes fussent, du jour au lendemain, devenus l'ennemi, qu'ils se vissent dénoncés, poursuivis, parfois injuriés. Il comprenait encore que certains esprits un peu flottants, après avoir espéré en la monarchie, se fussent détournés d'elle au lendemain de l'insuccès, et demandassent à un autre régime ce qu'ils lui auraient demandé ; mais il ne comprenait pas que ceux qu'il avait reçus en familiers, et auxquels il avait donné sa confiance ne se crussent pas tenus au moins à la fidélité personnelle. Je dois dire cependant que, s'il se plaignait parfois de ces défections, je n'ai jamais entendu sortir de sa bouche une parole violente ni même amère. Son âme, de plus en plus chrétienne, savait bien que le pardon est la première vertu comme la dernière espérance du chrétien.

Les seules consolations que M. le Comte de Paris ait goûtées, en ces dernières années, lui vinrent des siens. Ce qu'a été pour lui madame la Comtesse de Paris, je ne me permettrai pas de le dire. Mais il a joui surtout de deux choses : de voir grandir chez son fils, dont la fougue juvénile le charmait en l'inquiétant un peu, le respect, la confiance, la maturité, et de voir croître en intelligence et en solidité de jugement la princesse qui vient de recueillir, dans un pays étranger, les hommages auxquels sa beauté et sa grâce auraient eu droit dans son pays natal. J'aurais tort d'oublier ses deux plus jeunes filles, dont la sollicitude et la tendresse l'enveloppaient déjà, et son dernier fils dont la vivacité enfantine le divertissait. Peut-être trouva-t-il aussi une certaine douceur dans la fidélité et le dévouement de quelques amis. Pour moi, lorsque j'ai appris, par les termes de son testament, qu'il avait « toujours ressenti pour moi une affection particulière », je me suis senti récompensé du peu que j'ai essayé de faire pour lui.

Au commencement de juin de l'année dernière, M. le Comte de Paris revint d'Espagne dans un état lamentable. Il n'était plus qu'un cadavre soutenu par la volonté, mais il n'avait rien perdu de sa force d'âme et de son application aux choses. Je passai plusieurs jours avec lui à Stowe. Parfois, pendant la promenade d'une heure qu'il faisait à pied chaque jour (il ne pouvait plus supporter la voiture), ses souffrances devenaient telles qu'on le voyait pâlir ; son front se couvrait de gouttes de sueur, et il était obligé de s'arrêter. Puis, au bout de quelques instants, il se remettait en marche, et reprenait la conversation sur quelque question d'intérêt secondaire au point précis où il l'avait laissée. Lorsque je le quittai, je me demandai si je le reverrais encore. Il languit cependant plusieurs mois, et, durant ce triste été, tous ceux qui lui étaient attachés, à des titres divers, firent le voyage de Stowe. Nos impressions à tous étaient les mêmes, mais il y avait entre nous comme une convention tacite de ne les point échanger. J'étais même étonné que le secret sur l'état du prince pût être si bien gardé, car ce fut bien peu de temps avant sa mort que le bruit commença de se répandre qu'il était perdu. Mais nous savions tous qu'il continuait de lire lui-même les journaux avec le plus grand soin, et chacun avait à cœur de s'abstenir d'une indiscrétion qui aurait pu lui passer sous les yeux.

M. le Comte de Paris nous venait lui-même en aide pour entretenir cette illusion, car, jusqu'au bout, il continua de s'appliquer avec la même assiduité, je pourrais dire avec le même acharnement à sa besogne quotidienne, sa correspondance demeurait aussi active que par le passé, et pas un détail n'était négligé par lui. Au commencement d'août, à la suite de certains incidents locaux, le président du comité d'un département important avait cru devoir donner sa démission. J'écrivis à M. le Comte de Paris pour l'en informer, en lui disant que seul il pouvait obtenir le retrait de cette démission, et que précisément la personne dont il s'agissait était en Angleterre. Je n'en disais pas davantage. Immédiatement, le prince lui écrivit pour le mander à Stowe, et quelques jours après, cet excellent homme me racontait, les larmes aux yeux, sa conversation : « J'ai trouvé, me disait-il, le prince au dernier degré de la faiblesse ; mais il m'a tenu cependant trois quarts d'heure dans son cabinet. Je voulais l'empêcher de se fatiguer en lui disant que je ferais tout ce qu'il me demanderait. Comment lui rien refuser ! Mais je n'ai pas pu l'empêcher de m'entretenir dans les moindres détails de la situation de mon département. A chaque instant je croyais qu'il allait s'évanouir de fatigue et de souffrances, mais je n'ai pas pu l'arrêter. » Et il ajoutait en s'essuyant les yeux : « Ah ! quel courage ! quel homme ! »

Huit jours après, je m'entretins moi-même avec le prince pour la dernière fois. Comme j'étais venu en Angleterre peu de temps auparavant, je pris pour prétexte d'un nouveau voyage l'arrivée de la reine de Portugal, et je demandai la permission de venir la saluer. C'était un dimanche. Le prince, qui avait fait l'effort de se lever pour aller à la messe, avait dû se coucher aussitôt après. Il ne devait plus se relever. Pour la première fois, il fit allusion avec moi à son état désespéré. « J'ai eu bien du plaisir à voir ma fille, me dit-il. Son voyage va faire dire par les journaux que je suis perdu. Mais, ajouta-t-il avec un sourire mélancolique, à présent cela n'a plus d'inconvénients. » Puis il se reprit aussitôt et m'entretint de la situation politique en France. M. Casimir-Perier était alors Président de la République. Il me parla de lui avec égards et presque avec sympathie. « C'est une tâche impossible que celle à laquelle il s'est attelé, me dit-il. Il ne pourra jamais la mener à bonne fin. Mais il ne faut pas que les monarchistes lui créent des embarras. S'ils étaient la cause directe de son échec, la France ne le leur pardonnerait pas. » Nous échangeâmes encore quelques propos indifférents ; puis, au moment où j'allais le quitter, il m'attira vers lui et me serra dans ses bras. Nous nous étions compris : c'était un adieu.

Quelques jours après commençait en effet cette agonie lucide dont la lenteur a attendri même ses adversaires, et où il a déployé une fermeté d'âme, je puis même dire une grandeur surprenantes, pour ceux-là seuls qui ne le connaissaient pas. Je n'en sais rien d'autre que ce qui a été rapporté partout. Celui qui avait déjà et qui aura toujours droit à mon obéissance et à mon devouement jugea, avec raison, que mon devoir me retenait à Paris : aucun ne m'a jamais été plus cruel à remplir. On m'a dit que, depuis ma visite, il n'avait plus parlé des choses de ce monde. Il avait assez pensé à la France pour avoir le droit de ne plus penser qu'à Dieu, à qui, pour elle, il offrit cependant plusieurs fois ses souffrances.

Le 8 septembre au soir, je le revis encore, mais

étendu sans vie sur ce modeste lit où il avait tant souffert. Je baisai pieusement ses mains décharnées qui tenaient un crucifix. La rigidité de la mort avait imprimé à ses traits une réelle beauté, et je les ai eus longtemps devant les yeux. Mais, quand je pense à lui, ce n'est point cependant ainsi qu'il m'apparaît. C'est plutôt sous l'aspect où me le représente une photographie récente que j'ai en face de moi en écrivant et que me rend doublement chère la main qui me l'a donnée : avec son front élevé déjà dégarni, avec son sourire fin, devenu triste, avec ses yeux bons et doux, un peu voilés d'ordinaire, mais auxquels l'approche de la mort avait donné quelque chose de profond, de diaphane et presque de lumineux, comme le reflet d'une autre clarté. Depuis longtemps déjà son regard confiant ne se tournait plus qu'en haut, et c'est là aujourd'hui que les nôtres le cherchent.

J'ai dit en commençant que je ne porterais point un jugement sur M. le Comte de Paris. Cependant, je ne puis, avant de le quitter encore, m'empêcher de dire mon sentiment sur lui. Il avait toutes les qualités à l'aide desquelles se conserve et se défend un trône : la résistance et la mesure, la fermeté et la souplesse, la trempe du caractère et la largeur de l'esprit. Peut-être lui manquait-il quelques-uns de ces dons qui sont utiles pour le conquérir : la grâce extérieure, l'art de la mise en scène, et, si l'on veut, l'ardeur irréfléchie. Mais qu'une chance inopinée se fût offerte à lui, pour périlleuse qu'elle eût été, il ne l'en aurait pas moins saisie ; il aurait été audacieux par devoir, comme il était ambitieux par conscience. Et, si au contraire, dans une France plus heureuse, il était arrivé au trône comme l'héritier de la longue lignée de nos rois, si cette France, attachée à sa dynastie, comme l'Angleterre à la dynastie de Hanovre, l'Autriche et la Russie à la dynastie des Hapsbourg et des Romanoff, eût gardé la touchante habitude de donner à chacun de ses souverains le surnom qui lui convînt le mieux, pour celui dont je viens de parler elle n'aurait point hésité : elle l'aurait appelé *Philippe le Noble*.

www.ingramcontent.com/pod-product-compliance
Lightning Source LLC
LaVergne TN
LVHW051459090426
835512LV00010B/2240